BEI GRIN MACHT SICH I..
WISSEN BEZAHLT

- Wir veröffentlichen Ihre Hausarbeit,
  Bachelor- und Masterarbeit

- Ihr eigenes eBook und Buch -
  weltweit in allen wichtigen Shops

- Verdienen Sie an jedem Verkauf

Jetzt bei www.GRIN.com hochladen
und kostenlos publizieren

Heiko Mehlhop

Einsatzmöglichkeiten und Risiken von Wireless LAN (IEEE 802.11) in der Sparkassen-Finanzgruppe

GRIN Verlag

Bibliografische Information der Deutschen Nationalbibliothek:

Die Deutsche Bibliothek verzeichnet diese Publikation in der Deutschen National-
bibliografie; detaillierte bibliografische Daten sind im Internet über http://dnb.d-
nb.de/ abrufbar.

Impressum:

Copyright © 2005 GRIN Verlag GmbH
Druck und Bindung: Books on Demand GmbH, Norderstedt Germany
ISBN: 978-3-638-78960-8

Dieses Buch bei GRIN:

http://www.grin.com/de/e-book/52597/einsatzmoeglichkeiten-und-risiken-von-
wireless-lan-ieee-802-11-in-der

GRIN - Your knowledge has value

Der GRIN Verlag publiziert seit 1998 wissenschaftliche Arbeiten von Studenten, Hochschullehrern und anderen Akademikern als eBook und gedrucktes Buch. Die Verlagswebsite www.grin.com ist die ideale Plattform zur Veröffentlichung von Hausarbeiten, Abschlussarbeiten, wissenschaftlichen Aufsätzen, Dissertationen und Fachbüchern.

Besuchen Sie uns im Internet:

http://www.grin.com/

http://www.facebook.com/grincom

http://www.twitter.com/grin_com

SEMINARARBEIT

Wahlfach: Kommunikationstechnik

Modul: Netzwerkarchitekturen und -protokolle

Thema:

Einsatzmöglichkeiten und Risiken von Wireless LAN (IEEE 802.11) in der Sparkassen-Finanzgruppe

Vorgelegt von

Heiko Mehlhop

Abgabetermin: 27. Oktober 2005

Inhaltverzeichnis

1   Einleitung

In einer Welt beständig steigenden Informations- und Kommunikationsbedarfs sowie ansteigender Mobilitätserfordernisse, insbesondere in der Geschäftswelt, steigt auch die Forderung nach einer einfachen, flexiblen Vernetzung von stationären, mobilen und portablen Computern. Somit ist das Interesse am Einsatz von Funknetzwerken nicht verwunderlich. Viele Unternehmen werden allerdings durch die Diskussion über die mangelnde Sicherheit von Funknetzwerken vom Einsatz abgeschreckt.

Diese Arbeit gibt im folgenden Kapitel einen allgemeinen Überblick über Funknetzwerke nach dem Standard 802.11 und beschäftigt sich im Kapitel 3 mit Sicherheitsmechanismen und Schwachstellen dieser „Wireless Local Area Networks" (WLAN). Der letzte Teil dieser Arbeit bewertet das vorher Geschriebene im Hinblick auf einen sinnvollen Einsatz in der Sparkassen-Finanzgruppe (Kapital 4).

2   Wireless LAN

Im Folgenden soll die grundlegende Arbeitsweise von Netzwerken auf Basis des Standards 802.11 dargestellt werden, bevor auf die Sicherheitsmechanismen und Schwachstellen dieser Netze eingegangen wird.

2.1   Wireless LAN Architektur-Modelle

WLANs können in zwei Modi betrieben werden:

2.1.1   Infrastruktur-Modus[1]

In Netzwerken, die im Infrastrukturmodus betrieben werden, unterscheidet man die Komponenten „Access Point" (AP) und „Client". Ein AP ist ein zentrales System über den die gesamte Kommunikation zwischen den Clients abgewickelt wird. Als Client kann jede Art von Endgerät mit WLAN-Netzwerkkarte angesehen werden, so. z.B. PCs, Notebooks oder mobile Organizer („PDAs"). Die Clients sind nicht direkt miteinander verbunden, sondern kommunizieren über Access Points innerhalb einer Funkzelle („Basic Service Set" – BSS) oder übergreifend über mehrere Access Points in verschiedenen Funkzellen („Extended Basic Service Set" – EBSS).

Eine Funkzelle kann - je nach Umweltbedingungen - eine Ausdehnung von 10 – 100 Metern haben.

---

[1] Vgl. Hofherr (2005), S. 5

APs können in diesem Umfeld verschiedene Aufgaben übernehmen[2]:

- Access Points verbinden Wireless LANs mit kabelgebundenen LAN-Segmenten. Zwei APs können als Koppelungselement zwischen zwei leitungsgebundenen Netzwerken dienen („Brücke" / „Bridge").

- Durch überlappende Funkzellen von Access Points können mobile Clients bei Übergang in den nächsten Funkbereich weiterhin die Verbindung zum Netzwerk halten („Roaming").

- Durch Einsatz mehrerer Access Points mit überlappenden Funkzellen kann die Reichweite eines WLANs praktisch unbegrenzt erweitert werden („Repeater").

2.1.2 Ad-hoc-Modus[3]

Der Ad-hoc-Modus (auch „Independent Basic Service Set – IBSS" oder „Peer-To-Peer-Kommunikation") wird üblicherweise zur Verbindung von kleinen Netzwerken mit mindestens zwei Clients verwendet. Die Clients kommunizieren direkt über ihre Funknetzwerkkarte miteinander. Während WLANs im Infrastruktur-Modus für eine feste Infrastruktur aufgebaut werden, verbinden sich Ad-hoc-Netzwerke über dynamische Konfigurationseinstellungen. Aufgrund dieses einfachen Aufbaus wird diese Betriebsart vorwiegend im Privatbereich eingesetzt, häufig ohne jeden WLAN-Schutz.

2.2   Überblick IEEE 802.11-Standard

Die Wireless LAN-Technik basiert auf einem Standard für drahtlose Netzwerkkommunikation des „Institutes of Electrical and Electronics Engineers" (IEEE) aus dem Jahre 1997. Ziel war die drahtlose Verbindung auf mittleren Strecken, Unterstützung von Anwendungen mit höherem Datenbedarf und Einbindung von stationären, portablen und mobilen Endgeräten in Netzwerke[4].

Der ursprüngliche Standard „802.11" von 1997 wurde um weitere Standards in der 802.11-Familie ergänzt (z. B. 802.11b), außerdem wurden bestehende Standards durch Zusätze erweitert (z.B. Erweiterung 802.11i).

Die verschiedenen Standards unterscheiden sich in Bezug auf die genutzten Frequenzbereiche, die gleichzeitig nutzbaren Kanäle und den maximalen Datentransfer.

---

[2] Vgl. BSI (2003), S. 5
[3] Vgl. IEEE Standard Association (1999), S. 10f
[4] Vgl. NIST (2002), S. 2-3

Standard (Jahr)	Frequenzbe- reich	Kanäle (gleichz. nutzbar)	Datentrans- fer (brutto)	Bemerkung
802.11 (1997)	2,400 – 2,485 GHz	3	1 oder 2 MBit/s	
802.11a (1999)	5 GHz	8	54 MBit/s	Erhöhung Datentransfer, Einschränkungen beim Einsatz in Deutschland wegen zu star- ker Sendeleistung im Fre- quenzbereich 5GHz
802.11b (1999)	2,400 – 2,485 GHz	3	11 MBit/s	Erhöhung Datentransfer zu 802.11
802.11g (2003)	2,400 – 2,485 GHz	3	54 MBit/s	Erhöhung Datentransfer zu 11b, Kompatibel mit 802.11b
Erweiterungen der Standards (MAC-Ebene):				
802.11h (2003)	Variable Sendeleistung, dynamische Kanalwahl, damit in Deutschland unbeschränkt einsetzbar Kompatibel zu 802.11a			
802.11i (2004)	Verbesserte Sicherheit (WPA), Kompatibel zu 802.11a, b und g			

Tabelle 2 - 1 Übersicht der gängigsten Standards[5]

Da sich alle Teilnehmer einen Frequenzbereich teilen, fällt die Übertragungsge-schwindigkeit mit jedem zusätzlichen Client weiter ab. Hinzu kommt, dass ein großer Teil des maximal erreichbaren Datentransfers durch Management- und Steuersignale belegt wird, was den effektiven Verkehr an Nutzdaten weiter reduziert.

Zusätzlich kann die Transferrate durch benachbarte WLANs reduziert werden, die den gleichen Frequenzbereich nutzen. Obwohl es 13 nutzbare Kanäle (802.11a: 18 Kanäle) gibt, können aufgrund von Bandbreiten-Überschneidungen nur 3 Kanäle (802.11a: 8 Kanäle) überlappungsfrei genutzt werden

3   Sicherheitsmechanismen und Schwachstellen in 802.11-Netzwerken

Funknetzwerke unterscheiden sich erheblich von herkömmlichen LANs. Während letztgenannte Netzwerke aufgrund ihres Leitungsnetzes begrenzt sind, gibt es bei WLANs aufgrund der kugelförmigen Ausbreitung der elektromagnetischen Wellen keine kontrollierbaren Begrenzungen der Netzwerkausdehnung. Funknetzwerke sind ungeschützt gegenüber Signaleingängen von außen und arbeiten aufgrund der mobi-len / portablen Arbeitsplätze mit einer dynamischen Architektur.

---

[5] Vgl. NIST (2002), Appendix D, D-1ff

All diese Punkte machten es erforderlich, den 802.11-Standard mit besonderen Sicherheitsmechanismen auszustatten, um die Datensicherheit (Vertraulichkeit, Verfügbarkeit, Integrität)[6] in diesen Netzwerken zu gewährleisten.

Diese Sicherheitsmechanismen sind für die gesamte 802.11-Standard-Familie im Standard 802.11 beschrieben. In Bezug auf die Sicherheit gibt es in den Erweiterungen a, b, g und h keine Neuerungen, erst der Standard 802.11i definiert neue Sicherheitsmechanismen.[7]

3.1 Netzwerkname (SSID)

Für 802.11-Netzwerke können Netzwerknamen vergeben werden („(Extended) Service Set Identity", (E)SSID), die in den Netzwerkkomponenten hinterlegt werden. Im Betriebsmodus „Any" akzeptiert die jeweilige Komponente alle empfangenen SSIDs. In der anderen Variante werden nur Geräte mit demselben Netzwerknamen zugelassen.

Da die SSID unverschlüsselt übermittelt wird und damit leicht aus dem Datenverkehr gelesen werden kann, bietet sie praktisch keinerlei Sicherheit, den Zugriffsschutz und damit die Vertraulichkeit und Integrität der Netzwerkdaten zu gewährleisten. Auch bei Unterdrücken der SSID-Übertragung kann diese aus Steuersignalen ermittelt werden.[8]

3.2 MAC-Adresse

Bei der MAC-Adresse („Media Access Control"-Adresse) handelt es sich um die eindeutige Adresse der Netzwerkkarte. 802.11-Netzwerkkomponenten bieten die Möglichkeit, unerlaubte MAC-Adressen zu filtern. Die Adresslisten müssen allerdings in allen Geräten manuell gepflegt werden, was zu erheblichem Aufwand führen kann.

Da diese Adresse relativ einfach abgehört und manipuliert werden kann, bietet die MAC-Adresse ebenfalls keinen Zugriffsschutz.

3.3 WEP

Mit dem 802.11-Standard wurde das „Wired Equivalent Privacy"-Protokoll (WEP) definiert, das die Vertraulichkeit, Authentizität und Zugriffsschutz sichern sollte.

Um die Integrität der zu übertragenden Daten zu schützen, wird für jedes Datenpaket eine 32Bit Checksumme berechnet, die an das Datenpaket angehängt wird.

---

[6] Vgl. Kandels, (2003), S. 10 ff.
[7] Vgl. BSI (2003), S. 6ff
[8] Vgl. BSI (2003), S. 9

Die WEP-Verschlüsselung basiert auf der Datenstrom-Verschlüsselung „RC4". Dieser Algorithmus verwendet einen 40 oder optional 104 Bit langen *Schlüssel*, der allen Clients und Access Points bekannt sein muss. An diesen Schlüssel wird bei jedem Datenpaket ein unterschiedlicher *„Initializing Vector"* (IV) mit einer Länge von 24 Bit angehängt. Die Daten werden nun mit diesem zusammengesetzten Schlüssel chiffriert. Durch die Änderung des IV nach jedem Paket, führen gleiche Daten nicht zu einem gleichen Chiffretext. Da dem Empfänger der IV bekannt sein muss, wird dieser jedem verschlüsselten Paket im Klartext beigefügt. Mit diesem Verfahren soll die Vertraulichkeit der Daten gesichert werden.[9]

Im 802.11-Standard kann auf zwei Authentisierungsverfahren zurückgegriffen werden. Im „Open"-Modus findet keine Authentisierung des Clients am Access Point statt. Im „Shared Key"-Modus wird ein Challenge-Response-Verfahren angewandt. Eine Authentisierung läuft folgendermaßen ab:

1. Der Client sendet eine „ Authentification Request" an den AP

2. Der AP sendet eine zufällige 128 Byte lange Zeichenkette

3. Der Client verschlüsselt die Daten mit dem WEP-Schlüssel und sendet den Chiffretext zurück

4. Sofern der Access Point den Chiffretext mit dem WEP-Schlüssel entschlüsseln kann, hat der Client sich authentifiziert und bekommt Zugang zum AP

Man kann mittlerweile sagen, dass keines der Ziele von WEP –Verschlüsselung, Integritätssicherung und Authentisierung – erreicht wurde. Der WEP-Standard gilt unter anderem aus folgenden Gründen als unsicher:[10]

- Die CRC-Checksumme zur Integritätsprüfung kann leicht berechnet werden, da sie keine kryptologischen Eigenschaften hat. Damit kann eine Nachricht leicht geändert und mit einer neuen Prüfsumme versehen werden.

- Mittels statistischer Analyse kann der RC4-Algorithmus gebrochen werden.

- Der IV ist mit 24 Bit viel zu kurz. Durch seine Kürze wiederholt sich der IV oft genug (nach ca. 4.000 Datenpaketen), um (bei unverändertem WEP-Schlüssel) auf Klartext-Daten schließen zu können. Durch mehrstündiges Aufzeichnen des Funk-LAN-Verkehrs kann so mit der Zeit der gesamte Datenverkehr entschlüs-

---

[9] Vgl. Hofherr (2005), S. 49ff
[10] Vgl. Hofherr (2005), S. 53f, Vgl. BSI (2003), S. 9ff

selt werden. Seit mehreren Jahren gibt es Freeware-Tools, die zu diesem Zweck eingesetzt werden können (z. B. AirSnort).

- Der WEP-Schlüssel ist mit 40 Bit ebenfalls zu kurz. Die optionale Länge von 104 Bit wurde ebenfalls bereits gebrochen[11].

- Die Authentifizierung von WEP verifiziert nur den Client, nicht aber den Access Point. Ein Angreifer kann sich als AP ausgeben somit als „Man-In-The-Middle" (zwischen Client und AP) die Kommunikation beliebig manipulieren. Da ein Client sich immer an dem AP anmeldet, der die höchste Sendeleistung ausstrahlt, muss ein Angreifer nur die Sendeleistung seines Access Points erhöhen.

WEP kann also nicht mehr als wirksamer Sicherheitsmechanismus im WLAN bezeichnet werden.

3.4   WPA

Nachdem WEP als gebrochen galt und der neue Sicherheitsstandard 802.11i noch auf sich warten ließ, beschloss die Wi-Fi Alliance[12], eine Hersteller-Vereinigung, einen WEP-Ersatz zu schaffen, der zu bestehenden Netzwerkkomponenten kompatibel war und sich den zukünftigen 802.11i-Standard zum Vorbild nahm. Dieser Standard wurde WPA, Wi-Fi Protected Access benannt.

Das WEP-Problem der Verschlüsselung wurde durch das Temporal Key Integrity Protocol, TKIP, gelöst, das aufgrund bestehender Hardware weiter mit dem RC4-Algorithmus arbeitet.[13]

Zum Einen wurde der Initializing Vector (IV) von 24 Bit auf 48 Bit verlängert. Dadurch verlängert sich die Zeit bis zum erneuten Auftreten des gleichen Schlüssels von einigen Stunden auf einige Jahre, abhängig vom Datenverkehr.

Zum Anderen wurde der IV als Sequenzzähler integriert, der jede Übermittlung mit dem Wert „0" startet. So ist es Angreifern nicht mehr möglich, aufgezeichneten Datenverkehr in das Netz zu Re-Injizieren, um Datenverkehr zur Schlüsseldechiffrierung zu erzeugen.

Die Integrität der übertragenen Daten wurde ebenfalls durch TKIP gesichert. So wird zusätzlich zur CRC-Checksumme aus Dateninhalt, Quell- und Zieladresse eine 64 Bit

---

[11] Vgl. www.heise.de (2001)
[12] sh. www.wi-fi.org
[13] Vgl. Hofherr (2005), S. 81ff

lange kryptografische Prüfsumme, genannt „Message Integrity Code" (auch MIC oder Michael) berechnet, die an den Datenteil angehängt wird.

Durch den Standard 802.1x in Verbindung mit dem „Extensible Authentification Protocol" (EAP) sollte die mangelhafte Authentifizierung unter WEP gesichert werden. Der Standard 802.1x wurde ursprünglich für Portfreigaben in kabelgebunden Netzwerken geschaffen, konnte aber auch in WLANs verwendet werden.

In diesem Standard gibt es 3 Teilnehmer: den Supplicant (=Client), den Authentificator (=Access Point) und den Authentification Server.

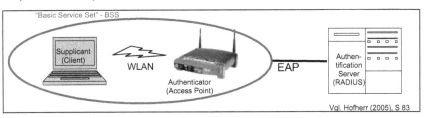

Vgl. Hofherr (2005), S 83

Abb. 3 - 1 802.1x-Modell (Einsatz im WLAN)

Der Supplicant bittet um Authentifizierung. Der Authenticator prüft durch EAP-Kommunikation mit dem Authentification Server, ob der Client Zugriff auf das WLAN haben darf und gibt im Erfolgsfall einen Port frei.

Entscheidend für die Sicherheit ist an dieser Stelle die Wahl der richtigen Authentifizierungsmethode zwischen den Teilnehmern, auf die in dieser Arbeit nicht eingegangen werden kann. Die Bandbreite reicht von mangelhafter Sicherheit (EAP-MD5 mit Challenge-Response-Verfahren, sh. WEP) bis zu sehr hoher Sicherheit aufgrund gegenseitiger Authentifizierung durch Zertifikatsaustausch (EAP-TLS).

Zusammenfassend lässt sich sagen, dass WLANs unter WPA sicher betrieben werden können, sofern die richtige Authentifizierungsmethode gewählt wird. Der „Preis" dafür ist allerdings ein hoher Aufwand für die Zertifikatsverwaltung der Teilnehmer.

3.5   Standard 802.11i

Im Juli 2004 wurde der Standard 802.11i von der IEEE verabschiedet, der die WEP-Sicherheitslücken der vorangegangenen Standards schließen sollte.[14]

Da WPA bereits im Hinblick auf den 802.11i-Standard entwickelt wurde, ist das Authentisierungsverfahren identisch mit dem von WPA.

---

[14] Vgl Hofherr (2005), S. 135ff, sh. auch IEEE (2004)

Die wesentlichen Unterschiede zu WPA liegen im Bereich der Integritätsprüfung und Verschlüsselung.

Da der neue Standard nicht auf bestehende Hardware Rücksicht nehmen musste, wurde der AES-Algorithmus („Advanced Encryption Standard"), der stärkere Ressourcen erforderte, zur Verschlüsselung und Integritätssicherung der Daten implementiert. AES ist ein symmetrischer Algorithmus, der zum Einen kryptologische Prüfsummen (Integrität) erzeugt und zum Anderen die Datenchiffrierung (Verschlüsselung) vornimmt. AES gilt derzeit als sicher.

802.11i bietet im Vergleich zu WEP einen erheblichen Sicherheitsgewinn. Der Unterschied zu WPA ist niedriger, sofern man allerdings die Wahl hat, z. B. bei Neuaufbau eine WLANs, sollte man sich für den sichereren Standard 802.11i entscheiden.

3.6   Allgemeine Risiken in Funknetzwerken

3.6.1 Bedrohung der Verfügbarkeit

Der Datenverkehr findet bei WLANs über elektromagnetische Wellen statt. Dadurch sind WLANs im Vergleich zu herkömmlichen LANs nicht nur anfälliger gegen Abhören von (verschlüsseltem oder unverschlüsseltem) Datenverkehr, sondern auch gegenüber Störungen von außen.[15]

Solche Störungen können einerseits durch ungünstige Umweltbedingungen, wie z. B. Sendeaktivitäten auf gleichen Frequenzen (Mikrowellengeräte, andere Funk LANs), andererseits aber durch gezielte Angriffe in Form von Störquellen („Denial-Of-Service"-Angriffe) entstehen. Die Folge kann ein kompletter Ausfall des WLANs sein.

3.6.2 Bedrohung der Client-Daten

Mit dem Einsatz von portablen und mobilen Endgeräten bekommen Unternehmensdaten buchstäblich „Beine". Da die Absicherung von WEP, WPA, 802.11i nur die Übertragung zwischen den Endgeräten absichert, nicht aber die lokalen Daten, entsteht durch den Einsatz dieser Endgeräte ein nicht zu unterschätzender Risikofaktor. Neben dem Risiko des Diebstahls solcher Geräte ist insbesondere der Einsatz im Bereich von Hot Spots und Ad-hoc-Netzwerken riskant, da am Client häufig mit lokalen Dateifreigaben gearbeitet wird. Angreifer können sich in solchen Umgebungen Sicherheitslücken in den eingesetzten Betriebssystemen zunutze machen.[16]

---

[15] Vgl. BSI (2003), S. 13
[16] Vgl. BSI (2003) S. 12

3.6.3 Erstellung von Bewegungsprofilen

Datenschutzrechtlich bedenklich ist die Tatsache, dass aufgrund der eindeutigen MAC-Adresse in den Clients, Bewegungsprofile der Client-User erstellt werden können. So ist es möglich festzustellen, welcher Client sich zu welcher Zeit an welchem Ort aufgehalten hat. Sofern die Kommunikation mit dem Access Point unverschlüsselt abläuft, kann die MAC-Adresse sogar personenbezogenen Daten zugeordnet werden[17].

In Unternehmen könnte so z. B. das Arbeitsverhalten von Mitarbeitern aufgenommen werden.

4   Einsatz von Wireless LAN in der S-Finanzgruppe

4.1   Voraussetzungen für den sicheren Einsatz

Für Kreditinstitute ist die Gewährleistung der Datensicherheit von oberster Bedeutung, da ein Verlust von hochsensiblen Unternehmensdaten oder gesetzlich geschützten Kundendaten neben einem finanziellen Schaden einen Imageschaden nach sich ziehen kann, der letztlich zu einer existentiellen Bedrohung führen kann.

Unter diesem Gesichtspunkt ist auch der Aufbau von drahtlosen Netzwerken im Sparkassenumfeld zu betrachten.

Daher sind folgende Voraussetzungen u. a. für einen sicheren Einsatz erforderlich:

1.   Funknetzwerke sollten nur im Rahmen einer mit der IT-Strategie des Unternehmens abgestimmten Sicherheitsrichtlinie eingesetzt werden, die regelmäßig überprüft und gegebenenfalls angepasst wird, um neuen Bedrohungspotentialen Rechnung zu tragen.

2.   Es ist vorab zu klären, ob das WLAN mit dem kabelgebunden Netzwerk verbunden werden muss oder ob es auch autark betrieben werden kann. Der beste Schutz vor Datenmissbrauch ist, diese gar nicht erst verfügbar zu machen.

3.   Da die beschrieben Sicherheitsmechanismen nur den „drahtlosen Bereich" der Kommunikation sichern[18], ist häufig eine weitergehende Absicherung erforderlich, sofern dieses möglich ist:

   a. Sicherung der Clients durch Mittel wie Diebstahlsicherung, Software-Firewall, Festplattenverschlüsselung (sofern erforderlich)

---

[17] Vgl. BSI (2003), S. 13
[18] sh. hierzu auch: NIST (2002), S. 3-13, Abb. 3-5

b. Sicherung des LANS durch Einbindung von Firewalls hinter den Access Points. Dadurch wird zusätzlich zum Authentisierungssystem des WLAN eine Barriere zum Haupt-Netzwerk aufgebaut. Außerdem kann für die zugreifenden Clients der Zugriff auf bestimmte Dienste (z. B. nur Mailverkehr) begrenzt werden.

4. Der Funkbereich der Access Points sollte optimal abgedeckt werde. Das bedeutet, dass sowohl der Aufstellort als auch die Sendeleistung (sofern möglich) optimal gewählt wird, um nur das gewünschte Gebiet zu versorgen.

4.2 Einsatzmöglichkeiten im Sparkassenumfeld

Es wurde gezeigt, dass das Betreiben eines sicheren Funk LANs grundsätzlich möglich ist und welche Vorkehrungen zusätzlich zu den Sicherheitsmechanismen des WLAN getroffen werden sollten.

Im Folgenden wird schematisch der Aufbau einer solchen Netzwerkarchitektur mit Anschluss an das Produktiv-LAN einer Sparkasse dargestellt.

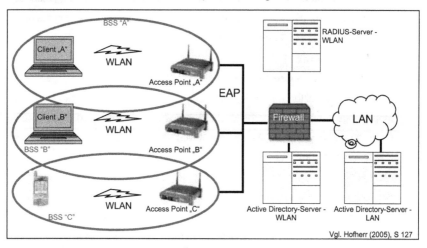

Vgl. Hofherr (2005), S 127

Abb. 4 - 1 Netzwerkarchitektur mit LAN-WLAN-Koppelung

Die abgebildete Architektur besteht aus sich überlagernden Funkbereichen („Basic Service Sets"), so dass übergreifendes Roaming möglich ist.

Die Access Points sind durch eine Firewall vom LAN getrennt. Dies sollte eigentlich nicht nötig sein, da der Radius-Server nur Clients mit gültigem Zertifikat Zugang gewähren lässt, dient aber der zusätzlichen Sicherheit. Zudem kann die Firewall zusätzliche Restriktionen umsetzen (Clients dürfen z. B. nur bestimmte Dienste nutzen).

Außerdem wurde neben dem Active Directory Server speziell für das WLAN innerhalb einer Demilitarisierten Zone – durch Firewall getrennt vom LAN und WLAN – geschaffen. Dieser verwaltet nur Ressourcen innerhalb des Funknetzes.

Insbesondere durch die Komponenten zur sicheren Trennung von LAN und Funknetz wird der Aufbau der oben dargestellten Architektur recht komplex und damit für ein Unternehmen auch entsprechend teuer.

5   Fazit

Der sichere Einsatz von WLAN-Technik ist nach der Ablösung der WEP-Mechanismen durch den Standard 802.11i mittlerweile möglich.

Es ist allerdings zu bezweifeln, dass der Mehrwert, der den Sparkassen-Mitarbeiter z. B. durch drahtlosen Abgleich Ihrer Mails und Termine mit PDAs oder Notebooks entsteht, den hohen Aufwand für die Absicherung des Gesamt-Netzwerks rechtfertigt. Somit kommt aus Kostengesichtspunkten der parallele, flächendeckende Aufbau eines WLANs zum bestehenden drahtgebundenen Netzwerk kaum in Frage.

Zur Bewältigung von „Spezialaufgaben", wie z. B.

- vom LAN abgekoppelte Schulungs- oder Testumgebungen zum optimalen, mobilen Einsatz von Notebooks,

- Einrichtung von Internet-Hot-Spots für Kunden innerhalb der Geschäftsräume der Sparkasse (als Kunden-Mehrwert),

- zur Lösung von baulichen Problemen durch Einsatz von Access Points als Brücke zwischen zwei LAN-Bereichen,

kann die WLAN-Technik allerdings sehr wohl als Alternative zu herkömmlicher Netzwerktechnik gesehen werden.

Es sollte aber nie aus den Augen verloren werden, dass Datenverkehr der Sparkasse auch weit außerhalb des Funkbereichs als elektromagnetische Wellen verfügbar[19] ist und damit - egal ob verschlüsselt oder unverschlüsselt - ein begehrtes Ziel für Angriffe von Computereindringlingen ist. Beim Einsatz von Funknetzwerken ist es daher mehr denn je erforderlich, mit dem aktuellen Stand der Technik Schritt zu halten und seine Sicherheitsmechanismen auf hohem Niveau zu halten, denn ein Sicherheitsleck im Netzwerk kann existenzbedrohliche Folgen haben.

---

[19] Vgl. BSI (2003), S.12

Literaturverzeichnis

Bücher:

Hofherr, Matthias (2005): *WLAN-Sicherheit – Professionelle Absicherung von 802.11-Netzen*, Heise Verlag

Quellen aus dem Internet:

BSI – Bundesamt für Sicherheit in der Informationstechnik (2003): *Sicherheit im Funk-LAN (WLAN, IEEE 802.11)*
URL: http://www.bsi.de/literat/doc/wlan/wlan.pdf

HEISE Verlag Online (09.08.2001): *Funk-LAN-Verschlüsselung WEP passiv durchbrochen*
URL: http://www.heise.de/newsticker/meldung/20016

IEEE - Institutes of Electrical and Electronics Engineers Standard:
1999:   *802.11-Standard*
2004:   *802.11i-Standard*
URL: http://grouper.ieee.org/groups/802/11/

Karygiannis, Tom / Owens, Les (2002): *Wireless Network Security – 802.11, Bluetooth and Handheld Devices*, NIST – National Institute of Standards and Technology
URL: http://csrc.nist.gov/publications/nistpubs/800-48/NIST_SP_800-48.pdf

Sonstige Veröffentlichungen:

Kandels, Jörg (2003): *Sicherheit in der Informationsverarbeitung*, Sparkassen-Hochschule – University Of Applied Sciences

www.ingramcontent.com/pod-product-compliance
Lightning Source LLC
LaVergne TN
LVHW052059060326
832903LV00060B/2325